제일기획 출신 브랜딩 디렉터가
알려주는 실전 브랜딩

인사이트 브랜딩

제일기획 출신 브랜딩 디렉터가 알려주는 실전 브랜딩

INSIGHT

인 사 이 트 브 랜 딩

BRANDING

커뮤니케이션박사 · 브랜딩 디렉터 **박현정 지음**

잘 나가는 브랜드에는 모두 '인사이트'가 담겨있다
누구나 쉽게 실천할 수 있는 인사이트 브랜딩 성공의 기술

 핑크플래닛

감사의 글

인사이트 브랜딩을 쓰면서 지난 30년간 브랜딩을 하면서 일한 모든 시간들을 돌아보았습니다.

대기업, 중소기업, 스타트업의 브랜딩을 하면서 브랜딩의 모든 분야를 경험하면서 브랜드의 성공을 만들어 온 시간, 브랜딩의 이론을 공부해온 시간, 학생들에게 강의해온 시간을 모아 검증되고 가장 중요하다고 생각하는 개념과 과정을 담아내면서 이러한 경험과 지식을 모은 이 시간이 저에게도 의미있지만 브랜딩이 필요한 사람들에게 도움이 되기를 바라는 마음입니다. 제가 브랜딩을 하면서 느꼈던 기쁨, 나눔, 성공, 실패, 우정, 보람의 경험을 이 책으로 나누게 되어 기쁩니다. 책을 쓰는 전 과정에서 함께 해주신 하나님께 감사드리며 응원해준 가족들과 친구들, 동료들에게 깊은 감사를 전합니다.

박현정 드림

왜
인사이트
브랜딩인가

4차 혁명시대, 데이터가 중요해질수록 빅데이터를 해석하는 인사이트의 힘이 필요합니다. 데이터를 모으고 탐색하는 것뿐 아니라 생각하는 힘이 필요하며 기업의 가치와 타겟의 가치의 매칭 포인트를 찾아내어 정확하고 효과 있게 브랜딩하는 힘 있는 브랜딩, 인사이트 브랜딩이 필요합니다.

브랜드만의 자기다움의 가치를 찾아내어 목표 타겟의 데이터에서 찾아낸 인사이트와 매칭하여 브랜딩하는 것이 중요합니다. 인사이트 브랜딩은 브랜드만의 자기다움의 가치를 찾아내어 목표타겟의 데이터에서 찾아낸 인사이트와 매칭하여 브랜딩하는 브랜딩의 방법론입니다.

인사이트 브랜딩의 개념과 과정을 설명하고 쉽게 익힐 수 있도록 대기업, 중견기업의 마케팅전문가와 브랜드의 커뮤니케이션 담당자와 광고회사의 커뮤니케이션 기획자, 제작자, 대학의 커뮤니케이션 전공자, 교수, 소기업의 브랜드 오너들이 필요한 지식과 방법론을 탐색하고 이해할 수 있도록 하나하나 꼼꼼히 안내하고 있습니다. 기업의 가치를 읽고 타겟의 가치를 찾아내어 매칭 포인트를 발견하는 통찰의 힘이 무엇보다 필요한 때입니다.

인사이트 브랜딩을 통한 전략적 문제해결은 맥락을 읽고 기회를 발견하는 통찰, 팩트와 함께 맥락을 통찰하는 전략적 사고를 통해 가능합니다. 브랜드의 차별화된 자기다움을 만들어내는 가치와 타겟의 인사이트를 통해 브랜딩하여, 제품과 서비스가 시장 속에서 자기다움의 차별화를 통해 가치를 높이고 시장에 성공적으로 안착할 수 있도록 든든한 파트너가 될 커뮤니케이션 방법론입니다.

책은 인사이트 브랜딩의 프로세스대로 순서대로 되어있으며 하나하나 관심 부분만 따로 봐도 상관이 없도록 각 챕터마다 개념과 내용에 충실하게 전개되어 있습니다.

인사이트 브랜딩을 통해 브랜드의 가치를 높이고, 타겟과의 성공적인 커뮤니케이션에 성공하시길 바랍니다.

CONTENTS

01 인사이트, 인사이트 브랜딩 ·········· 13

자기다움을 발견하여 시장주도권을 획득할 수 있는 브랜딩

02 다움, 자기다움 ·········· 23

다르다는 인식 속에서 형성되는 최상의 브랜드의 상태

01

인사이트,
인사이트 브랜딩

인사이트
브랜딩
인사이트 브랜딩
인사이트 브랜딩 프로세스

인사이트 액션 1

인사이트,
인사이트 브랜딩

인사이트

인사이트란 무엇일까? 아마도 인간이 도달할 수 있는 가장 궁극적인 직관, 통찰이 아닐까?

브랜드를 브랜딩하기 위해 데이터와 자료를 모았다면 브랜딩의 목표를 위해 인사이트를 도출해내는 것이 필요할 것이다. 같은 데이터, 자료라도 해석하는 사람에 따라 엄청나게 다른 인사이트를 가져올 수 있기 때문이다.

인사이트는 어디서 얻어질까? 모든 것을 검색하는 데이터 홍수의 시대에 데이터를 읽어내는 능력이 필요한데 이것이 바로 인사이트를 찾아내는 통찰의 힘이다. 빅데이터를 해석하는 능력이 필요한 4차 혁명시대에는 데이터의 패턴 속에서 인사이트를 찾아내는 능력이 브랜딩의 성공을 좌우한다.

인사이트는 많은 데이터를 접하고 그것을 해석하는 과정에서 경험을 통한 감각으로 쌓여지는 통찰력이다. 데이터들 속에서 맥락을 읽고 기회를 발견하는 통찰력, 전략적 사고를 통한 문제의 해결은 관련된 팩트와 함께 맥락을 통찰해야 가능하다. 인사이트를 통해 기존 경쟁 브랜드와의 차별점을 발견하고 포지셔닝, 시장기회 선점을 위해 브랜드만의 자기다움을 발견하여 시장 주도권을 획득할 수 있는 브랜딩을 펼쳐 나가는 과정이 인사이트 브랜딩이다.

브랜딩

브랜딩은 브랜드를 목표타겟에게 브랜드화하는 모든 활동이다. 브랜드의 가치를 찾아내어 목표타겟의 데이터에서 찾아낸 인사이트와 매칭하여 브랜딩하는 것이다. 브랜딩? Branding? 아님 Blending? 브랜드가 ing... 브랜드가 계속 살아 있도록 그래서 커뮤니케이션을 섞는다는 뜻?

처음에 브랜딩이라는 말을 들었을 때 잘못 들은 줄 알기 쉬운데 브랜드, 마케팅이란 말은 들어봤지만 브랜딩이라는 말은 처음이었기 때문이다. 그런데 마켓이 움직이는 것이기에 마케팅이 자연스러운 것처럼 브랜드는 변화하는 것이기에 브랜딩도 아주 자연스러운 말이라 생각한다. 아마도 마케팅보다도 브랜딩이 더욱더 생명력이 오래갈 것이다. 그러니까 브랜드는 브랜딩을 어떻게 하느냐에 따라 브랜드가 될 수도 있고 아닐 수도 있다. 명품브랜드가 될 수도 있고, 그냥 맴돌다가 사라질 수도 있고.

인사이트 브랜딩

커뮤니케이션의 방법론은 많이 있다. 어느 것이 정석이라 할 수 없을 만큼 브랜딩의 방법은 다양하다. 필자는 30년 동안 국내외 다양한 커뮤니케이션 방법론을 학습하고 실무에서 다양한 커뮤니케이션 방법론을 적용해 보면서 온 오프라인을 통합하여 에센스만을 적용해 본 경험을 바탕으로 어떤 브랜딩에도 적용될 수 있으며 앞으로의 빅데이터 브랜딩 시대를 이끌 브랜딩 방법론으로서 인사이트 브랜딩을 제안한다. 인사이트 브랜딩은 가장 기본적이면서 가장 필수적이고 가장 진보된 방법론이다.

지금까지 실무에서 무의식적으로 진행해왔던 방법론과 비교하여 빈틈을 메꾸어 보거나 커뮤니케이션을 위한 브랜딩 방법론을 찾고자 공부하고 있는 분들은 처음부터 차분히 읽고 적용해 보면 좋을 것이다.

요즘 대세인 빅데이터와의 연관성은 데이터는 예전부터 있었고 데이터들이 정교해지고 복잡해지면서 데이터를 분석하고 해석해서 인사이트를 발견하는 것이 중요해졌다. 타겟과 브랜드 사이를 중개하듯 브랜드의 언어를 타겟의 언어로 해석해야 한다.

그렇다면 인사이트 브랜딩이라면 경력이 있는 전문가들만 할 수 있는 건가?

전문가뿐 아니라 누구나 어떤 현상에 대해서 관심을 갖고 데이터의 패턴을 지켜본다면 경력이 많지 않아도 좋은 인사이트를 가질 수 있다. 인사이트는 노력, 관찰, 시간, 경험과 창의적인 연결의 산물이기 때문이다. 한 브랜드를, 한 타겟의 동선을 자세히 뚫어지게 보고 듣고 생각할수록 더 좋은 인사이트가 떠오를 것이다.

마치 용의자를 찾아내서 알리바이를 추궁하고 동선을 추적하고 증거를 분석해서 범인을 잡는 것과 마찬가지 과정을 거치는데 아무래도 경험이 많다면 더 좋은 인사이트를 찾아낼 수 있을 것이다. 역시 경험만큼 중요한 것은 여러 단서를 연결시킬 수 있는 창의적인 감각인데 이 역시 관찰과 고정관념에 젖지 않고 타겟을 분석하고 해석하고 발견하기 위해 자유롭게 상상할 수 있는 능력이 필요하다.

이쯤 되면 인사이트를 발견하는 과정은 탐정이 생각날 정도다.

형사한테 꼼짝없이 잡힌 범인, 증거와 변호사의 변론과 검사의
탄탄한 대결이 생각나지 않는가.

인사이트 브랜딩 프로세스

그럼 인사이트 브랜딩의 프로세스는 어떻게 될까? 간단하게 예를 들어 만일 날씨 예보를 한다고 생각해 보자.

먼저 검색을 할 것이다(다른 날씨예보는 어떻게 하는지, 리서치). 그리고 나서는 누구에게 말해야 하는지에 대한 타겟설정(목표타겟)을 할 것이다. 다음엔 어떤 부분에 강조점을 두어 말할지 즉 타겟 인사이트(핵심 포인트 발견)를 결정하고 그에 따른 메시지 작성(시나리오 작성)을 해나갈 것이다. 그리고 나서 메시지를 전할 채널을 선택할 것이다(관심가질 수 있는 커뮤니케이션 방식 선택). 그리고 타겟에게 리포트(실행)할 것이다.

이와 같은 과정을 간략하게 정리하면 브랜딩 프로세스는 리서치 → 목표설정 → 타겟 인사이트 개발 → 메시지 개발→채널선택→실행의 순으로 이루어진다. 뒤에 실선적용에서 더 자세히 다룰 것이다.

인사이트 브랜딩의 프로세스는 이와 같이 이루어지지만 계획과 실행을 반복하다 보면 프로젝트에 따라 수정되고 이 프로세스를 반복적으로 적용하다 보면 자기만의 프로세스가 정립될 것이다.

마케팅에서 주로 다루고 있는 개념인 리서치, 목표설정, 타겟, 메시지개발, 채널 선택, 실행이라는 간략한 프로세스에 이 책에서는 가장 중요한 인사이트라는 개념을 접목하면서 인사이트 개발을 위한 몇가지 개념들을 추가하여 다루면서 연결할 것이다. 이는 인사이트를 보다 효과적이며 세밀하게 추출하고 타겟 페르소나를 더 개인화하면서 또한 그룹핑하여 대표 타겟 페르소나로 발전시키면서 인사이트와 연결하는 고리를 소개하기 위함이다. 그리고 추출된 인사이트를 컨셉과 스토리텔링으로 연결하고 터치포인트와 감정여행으로 표현하여 인사이트 브랜딩의 프로세스를 완성할 것이다.

이 책을 다 읽고 난 뒤 실전적용에서 인사이트 브랜딩의 프로세스를 학습하고 이를 나만의 인사이트 브랜딩 프로세스로 발전시켜보고 적용해보라. 브랜딩에 자신감이 생기고 나만의 독특한 프로세스를 확립할 수 있을 것이다. 이 책의 목표는 독자가 자신만의 프로세스를 만드는데 도움을 주기 위한 것이고 이를 위한 개념과 과정을 쉽고 간단하게 소개하고 있다. 진행하고 있는 프로젝트에 인사이트 브랜딩 프로세스를 적용해보고 무엇보다 인사이트를 꼭 찾아내고 끝까지 적용해보기를 바란다.

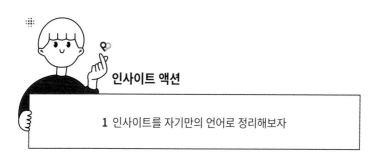

인사이트 액션

1 인사이트를 자기만의 언어로 정리해보자

02

다움, 자기다움

다움
자기다움
가치

다움, 자기다움

다움

다움이란 브랜드의 아이덴티티를 분석하고 브랜드의 미션을 찾아내어 브랜드만의 가치로 연결하는 것을 말한다. 따라서 다움은 세 가지의 정립이 필요하다. 아이덴티티, 미션, 가치를 확립하는 것이다.

아이덴티티는 브랜드가 가지고 있는 고유의 것을 찾아내는 것이고, 미션은 브랜드가 추구하는 것을 만들어내어 실행하고 지속적으로 추구해나가는 것이다. 가치는 이러한 아이덴티티와 미션이 타겟들에게 도달했을 때의 가치를 해석하고 정립하는 것이다. 다움은 바로 아이덴티티와 미션을 발견하여 가치를 찾아내고 정립하여 지속적으로 추구하는 진행상태에 있는 브랜드 다움이다.

자기다움

그렇다면 자기다움은 무엇일까? 모든 브랜드는 자기만의 태어난 이유가 있다. 그리고 그 이유 때문에 타겟들에게 필요함을 얻게 된다. 자기다움은 자기만의 아이덴티티를 통해서도 형성되지만 다른 브랜드와의 비교를 통해 얻어지는 다름이다.

이러한 다름은 다른 브랜드보다 낫다는 경쟁적인 우월 속성을 뛰어넘어 다르다는 가치 속에서 형성되는 최상의 브랜드의 상태로서 브랜드가 다움을 획득하여 다른 브랜드와 다르게 타겟의 인식 속에서 다름의 가치로 인식되고 찾게 되는 자기다움의 상태이다.

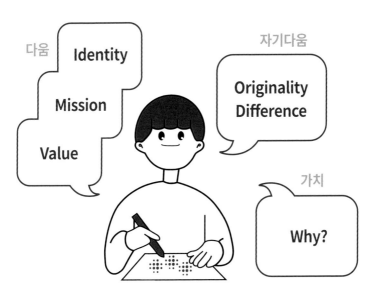

모든 마케팅의 시작은 '왜'이다. 앞에서 알아본 다움과 자기다움이 자기 브랜드의 좋은 것만을 말하고 다른 브랜드와 다른 것만을 말한다면 충분치 않다. 브랜드의 사명은 타겟에게 도달되고 기억되고 사랑받는 것이기 때문이다. 따라서 타겟에게 자기다움의 가치가 도달되기 위해서는 다움의 가치를 '왜'라는 질문을 통해 다각적으로 고민해 보아야 한다.

'왜'라는 질문을 통해 나온 가치는 타겟 측면에서 본 브랜드의 존재 이유이기 때문이며 이는 곧 브랜드의 미션이다. 인사이트 브랜딩은 바로 타겟과 브랜드를 이어주는 가치, 즉 브랜드의 미션 중심으로 진행하게 된다.

브랜드가 계속 혁신적이고 시장을 리드하며, 성공적이려면 어떤 제품을 파는지가 아닌, 왜 비즈니스를 하는지에 대한 브랜드의 미션, '왜'에서 시작해야 한다. 애플, 나이키, 구글 등 다른 선도적이고, 성장하고 있으며, 성공하고 있는 회사들을 생각해 보면 명확하다. 그들은 계획과 전략을 컴퓨터, 스니커, 검색 엔진에서 시작한 게 아니라, 왜 그들이 PC, 스니커, 검색엔진을 만드는지에서 시작했다. 브랜드의 '왜'가 타겟의 "왜 사야 하는지'와 일치할 때 브랜드의 가치가 타겟의 가치와 일치하게 되고 타겟은 브랜드를 소유하고 싶어진다. 또한 그 브랜드의 가치와 다른 브랜드의 가치를 비교하게 되고 다른 브랜드와 구별하게 됨으로써 그 브랜드를 기억하게 되고 찾게 된다.

따라서 브랜드의 존재 이유인 브랜드 가치가 타겟에게 지속적으로 어필할 수 있도록 브랜드의 가치를 만들고 타겟의 피드백을 받아 업데이트해나가야 할 것이다.

자기다움의 가치는 이러한 과정을 통해 브랜드의 다움이 타겟에게 지속적으로 피드백을 받아 다른 브랜드와 구별되는 고유한 그 브랜드만의 가치로 인식될 때 완성될 수 있다. 또한 브랜드의 다움을 타겟에게 지속적인 브랜딩을 통해 그 브랜드만의 자기다움으로 인식시키는 것이 인사이트 브랜딩 활동의 핵심이라 할 수 있다.

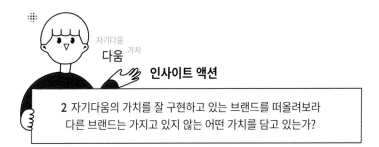

자기다움
다움 가치

인사이트 액션

> 2 자기다움의 가치를 잘 구현하고 있는 브랜드를 떠올려보라
> 다른 브랜드는 가지고 있지 않은 어떤 가치를 담고 있는가?

03

컨텍스추얼 타겟팅

페르소나
커뮤니케이션 타겟 & 세일즈 타겟
타겟그룹의 분류

인사이트 액션 3

컨텍스추얼 타겟팅

타겟 페르소나

브랜딩은 타겟에게 커뮤니케이션하는 과정이다. 따라서 정확한 타겟을 정하는 것이 가장 중요하다. 어떤 인사이트라도 어떤 메시지라도 어떤 타겟인지에 따라 다르게 전해지기 때문이다. 타겟을 정하고 페르소나를 분석하여 추출하는 과정이 타겟 페르소나를 설정하는 과정이다.

데이비드 오길비는 디너파티에서 내 옆에 아름다운 여자가 내게 어떤 물건을 살 것인지에 대해 조언을 구할 때 그녀에게 대답하듯이 써내려 간다고 한다. 좀 더 흥미롭고 환상적으로 가능하다면 아주 개인적으로 속삭이듯이 얘기한다. 대중에게, 많은 사람에게 얘기하지 않고 바로 내 옆에 앉은 그녀에게만 들려주는 고백처럼 얘기하고 쓴다고 한다.

이렇게 정확한 타겟에게 도달하기 위해서는 생생하고 실제하는 타겟의 프로토타입을 구현할 필요가 있다. 이를 타겟 페르소나라고 하며 이는 우리가 소셜미디어에 프로파일을 만들 듯이 실제로 실재하는 인물을 중심으로 가상의 페르소나를 치밀하고 현실적으로 설정하는 것을 말한다.

타겟으로 생각되는 그룹의 인터뷰와 분석을 하고 이를 통해 타겟 페르소나의 프로파일을 설정한다. 페르소나 프로파일에는 이름, 별명, 사진, 보이스, 성격, 나이, 사는 곳, 직업, 맥락, 동선, 관심사, 니즈, 목표, 행동 등 다양하고 생생한 징보가 포함되며 만든 이의 개성과 브랜딩의 목표에 따라 다양한 내용을 추가하거나 삭제한다.

커뮤니케이션 타겟과 세일즈 타겟

페르소나가 만들어졌으면 페르소나를 커뮤니케이션 타겟과 세일즈 타겟으로 분류한다. 성향에 따라 커뮤니케이션을 리딩하는 그룹이 있고 팔로우하는 그룹이 있기 때문에 정립된 페르소나를 먼저 리딩하는 그룹인 커뮤니케이션 타겟과 팔로우하는 그룹인 세일즈 타겟으로 나누어 분류한다.

그래서 최초의 브랜딩은 커뮤니케이션 타겟에 맞추어 브랜딩하고 초기 커뮤니케이션 타겟의 반응을 보면서 대다수의 팔로우그룹인 세일즈 타겟으로 브랜드의 초점을 이동한다. 커뮤니케이션 타겟은 빅마우스가 될 수 있고 팬이 되어 자발적으로 브랜드에 대한 홍보를 자처하는 타겟이니 예리하고 촘촘하게 집중관리할 필요가 있다.

타겟그룹의 분류

이렇게 만들어진 타겟은 또한 경쟁사의 타겟, 잠재타겟, 새로운 타겟, 기존타겟, 충성타겟, 팬타겟, 이전타겟, 불만타겟, 최근 타겟 등으로 분류할 수 있다. 이러한 분류에 따라 새롭게 찾아야 할 타겟과 경쟁사에서 가져와야 할 타겟, 이전에는 타겟이었으나 이탈한 타겟, 이탈한 타겟 중에서도 불만을 가지고 있어 브랜드에 대한 안 좋은 정보를 퍼트릴 수 있는 불만타겟, 최근 새롭게 진입한 타겟과 기존타겟, 그리고 기존타겟 중에서도 충성도가 강한 충성타겟과 팬으로서 브랜드를 옹호하고 자발적으로 브랜드에 대한 입소문까지 진행하는 팬타겟으로 나누어 볼 수 있다. 또한, 높은 매출과 이익을 주는 모범 타겟, 높은 매출과 높은 잠재 이익과 세일즈를 가져올 수 있는 성장하는 타겟, 낮은 매출과 높은 이익을 주고 요구가 많은 위기의 타겟, 낮은 매출과 이익을 주는 타겟으로 나누어 볼 수 있다.

타겟 페르소나에 대한 기본 개념과 함께 이렇게 다양한 타겟의 분류를 인지하게 되면 확정된 페르소나를 가지고 목표에 따라 타겟 페르소나 그룹을 분류하고 다양하게 관리할 수 있게 된다. 또한 타겟 페르소나의 상황에 따라 다른 인격과 임무를 부여하여 타겟 페르소나 그룹을 융통성 있게 운영하면서 피드백을 받으면서 수정하고 확정해 나간다. 이를 통해 타겟 페르소나의 디테일과 생생함이 커지면서 브랜드의 타겟 페르소나로서의 실제성과 대표성을 띄게 된다.

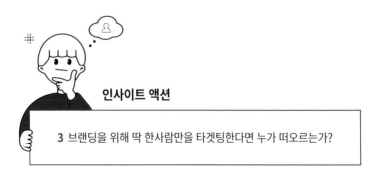

인사이트 액션

3 브랜딩을 위해 딱 한사람만을 타겟팅한다면 누가 떠오르는가?

웹소설 구매 페르소나

김핑크

Age : 28
Job : 패키지 디자이너
#즉흥적 #유연한 사고 #느긋한 성미

 라이프 스타일

성격이 밝고 활발한 핑크 씨는 쉬는 날 영화를 보거나 활동적으로 움직이는 것을 선호한다. 회사에서의 오랜 작업으로 손목이 좋지 않아 무거운 것을 드는 게 벅차다는 이유로 독서를 즐기지 않는다. 퇴근 후 자취방에서 간단하게 끼니를 해결하고, 장소가 협소해 소파 대신 구매한 푹신한 침대에 누워있는 것이 일과이다. 최근 친구가 추천한 소설에 흥미가 생겼는데 시리즈가 많아 망설이고 있다.

 목표

- 친구가 추천한 책 구매 후 완독
- 웹소설 구매

 동기부여

자극 ■■■■□　공포 ■□□□□
성취 ■■■□□　성장 ■■□□□

 불만사항

책을 구매하면 소유욕은 충족되지만 여러 권의 책을 둘만큼 수납공간이 많지 않음. 게다가 책 자체가 무겁다보니, 누워서 보려면 엎드린 자세로만 볼 수 있음.

04

타겟 니즈
VS 타겟 인사이트

빙산의 일각
타겟 인사이트

인사이트 액션 4

타겟 니즈
VS 타겟 인사이트

빙산의 일각

타겟의 드러나는 욕구는 니즈이고 드러나지 않는 잠재욕구는
인사이트이다. 타겟이 말하지 않는 어쩌면 타겟도 모르고 있는
드러나지 않는 욕구를 발견하기 위해서는 심도있는 탐색이 필요하다.
밖으로 드러나는 타겟의 욕구는 빙산의 일각에 불과하며 실제 타겟의
잠재된 욕구는 잘 드러나지 않으며 본인도 잘 모르는 경우도 많다.

사람들의 사고는 95%가 무의식 상태에서 이루어지고 언어를

통해 표현될 수 있는 것은 5%에 지나지 않는다고 한다. 무의식화된 자신의 행동 95%에 관한 정확한 표현이 불가하기 때문이다. 여기에 타겟 조사의 맹점이 있으며 기존에 학습된 일반화된 5%의 표현으로 의사전달을 하고 사회적인 인정욕구와 낙인 등의 이유로 무의식적으로 바람직하다고 생각되는 것, 다른 사람들이 생각하는 것과 비슷한 것을 자신이 원하는 것으로 생각해 대답할 확률이 크다.

타겟 인사이트

이렇게 타겟들도 헷갈리는 자신의 잠재욕구가 드러나는 욕구와 행동을 맥락을 통해 분석하고 예측하여 진정으로 원하는 것을 찾아내는 것이 타겟 인사이트를 발견하는 것이다.

이러한 인사이트를 찾아내기 위해서는 무엇보다 겸첩과 탐색, 피드백 속에서 촉을 키우는 것이 필요하다. 흔히 행간을 읽는다는 말을 하는데 타겟이 그러한 행동을 한 이유, 자신도 모르게 그렇게 한 이유와 결과에 대한 해석을 예리하게 해내어 숨어있는 니즈를 찾아내는 것이 타겟 인사이트를 찾아내는 것이다.

보이는 것은
빙산의 일각?

인사이트

인사이트 액션

4 타겟에게 질문을 던져보라.
답에 숨어 있는 욕구를 읽으려고 노력해보라.

05

세일즈포인트
& 바잉포인트

세일즈포인트

바잉포인트

인사이트 액션 5

세일즈포인트
& 바잉포인트

타겟이 왜 그 브랜드의 제품과 서비스를 사야 하는가? 브랜드의 가치를 바라보는 관점에 따라 세일즈 포인트와 바잉포인트 측면에서 타겟이 브랜드를 사야 할 가치를 분석할 수 있다.

세일즈포인트 USP(Unique Selling Point)

세일즈 포인트는 조직과 브랜드, 제품이나 서비스의 입장에서 타겟의 가치를 만들기 위해 세일즈와 마케팅 목표를 세우는 브랜드 측면에서의 가치 포인트이다. 세일즈 포인트는 제품 컨셉에 무게를 둔 제품 컨셉과 판매 쪽에 무게를 둔 세일즈 컨셉으로 나누어지며 조직 내부에서 외부의 타겟에게 전달하는 방식으로 타겟에게 푸쉬하는 방법이다.

세일즈 포인트는 아직 타겟 페르소나에게 테스트 되지 않은 상태이므로 충실하게 브랜드의 측면에서 고유한 세일즈 가치를 강조하게 된다. 이는 마케팅을 통해 타겟에게 도달되도록 푸쉬하는 가치 포인트라고 할수 있다.

바잉포인트 UBP(Unipue Buying Point)

바잉포인트는 브랜드에 대한 타겟의 가치에서 시작해서 조직, 브랜드, 제품이나 서비스로 향하는 방식으로 마케딩과 세일즈 목표가 세워지며 전체적인 마케팅(관계마케팅, 통합마케팅과 내부마케팅)을 통해 타겟이 사야 할 독특한 브랜드만의 가치를 찾아내어 타겟을 끌어당기는 방식이다.

바잉 포인트는 철저하게 타겟 페르소나의 브랜드를 사야 하는 이유에서 시작하며 세일즈 포인트를 타겟 페르소나의 관점에서 해석하고 공감되는 점을 찾아 타겟 페르소나의 가치를 극대화하는 방식으로 이루어진다.

바잉포인트?

세일즈
포인트

바잉
포인트

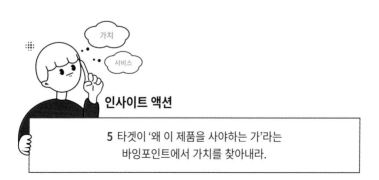

가치

서비스

인사이트 액션

5 타겟이 '왜 이 제품을 사야하는 가'라는
바잉포인트에서 가치를 찾아내라.

06

컨셉 구조화

콘텍스트의 탐색
컨셉의 구조화
컨셉의 적용

인사이트 액션 6

컨셉 구조화

콘텍스트의 탐색

그렇다면 콘텍스트는 무엇일까? 콘텍스트는 문맥이며 브랜드가 타겟에게 갖는 가치이다. 브랜드와 상품의 본질적 차이를 아는가? 브랜드가 타겟에게 노출될 때 타겟의 마음 속에 브랜드 경험이 긍정적으로 쌓이면 상품은 타겟의 마음 속에 상품이 아니라 브랜드로 자리 잡게 된다. 브랜드는 타겟의 마음 속에 쌓여 이미지화된 가치이며, 긍정적이고 풍부한 문맥이 쌓일수록 타겟에게 애착있는 브랜드가 된다. 따라서 콘텍스트를 활용해서 타겟에게 브랜드에 대한 효과적이고 풍부한 문맥을 주는 것이 필요하다.

이를 위해 기업은 브랜드 아이덴티티를 만들고 이미지를 만든다. 이러한 기업의 브랜드 아이덴티티의 일부가 타겟에게 메시지로 전달되고 타겟은 기존 브랜드 이미지와 브랜드 지식을 콘텍스트로 하여 이미지를 만들고 메시지의 의미를 이해한다. 그리고 이러한 타겟의 콘텍스트에 따라 브랜드 이미지가 변화하면서 새로운 브랜드의 콘텍스트가 되는 것이 콘텍스트를 통한 컨셉 구조화의 핵심이다.

컨셉의 구조화

콘텍스트를 중심으로 컨셉을 구조화하는 과정은 페르소나를 추출하기 위해 인터뷰를 정리하여 페르소나의 요구사항을 그룹핑하고 아이데이션하여 컨셉을 분류하는 것으로 시작한다. 기업의 브랜드 아이덴티티에서 타겟의 이상적 브랜드 이미지로 이어지는 길을 만들고 구조화하는 것이 컨셉이다. 기초는 타겟의 브랜드 지식이며 최종 목표는 타겟의 브랜드 이미지를 구성하기 위해 자유로운 연상을 통한 마인드맵을 활용하여 콘텍스트를 탐색하고 구조화하는 과정을 거친다. 기업의 아이덴티티를 구성하기 위해 사명, 가치관, 비전을 정리하고 브랜드 철학을 구성하기 위해 이 중에서 타겟에게 의미를 가지는 브랜드의 사명, 가치관, 비전을 추출해낸다. 또한 브랜드 속성을 분석하고 브랜드가 타겟에게 줄 수 있는 베네핏을 정리한다. 그리고 브랜드 퍼스낼리티를 정의하고 경쟁 브랜드와의 차별화 포인트를 분석해내어 컨셉을 구조화하는 시나리오를 만든다.

컨셉의 적용

이 모든 과정의 중심에는 타겟이 있다. 빅데이터 시대에 브랜드의 메시지는 관련되고 정확하게 재단되어 적확한 타겟에게 적확한 타임에 적확한 채널을 통해 이루어져야 한다. 이 과정에서 중요한 것은 타겟의 동선에 따른 여행이다. 타겟의 채널별 동선을 주의 깊게 보면서 타겟의 구매 여행을 살펴보는 것이 필요하다. 타겟의 여행에서 고려해야 할 요소는 날씨, 위치, 구매 히스토리, 과거의 행동, 장치, 시간, 언어, 비즈니스 등 다양하다. 이러한 관련 데이터를 실시간으로 모아서 인사이트와 연결하고 타겟 여정을 디자인하고 가장 좋은 채널에 연관된 대화를 전달하고 반응을 분석하고 타겟 여행에 맞는 컨셉을 개발하고 적용하는 것이 필요하다.

적절한 콘텍스트를 가진 컨셉이 만들어졌다 하더라도 타겟 페르소나의 상황에 맞춰 적용하고 전달하여야 그 컨셉이 살아 움직여 타겟 페르소나의 마음을 사로잡을 수 있다. 타겟 페르소나가 알고 싶을 때, 대화하고 싶을 때를 자세히 살펴 실제 동선과 마음과 기분의 상태에 따라 적절하게 전달될 수 있도록 추출된 컨셉을 바리에이션하고 실시간으로 배치하고 피드백을 받아 수정하고 또 적용하라. 타겟 페르소나의 여행에 늘 주의깊게 함께 하라. 이는 상당히 개인화된 실시간 동선의 추적과 마음의 변화에 대한 인사이트를 필요로 하며 이에 성공할수록 컨셉은 힘을 발휘할 것이다.

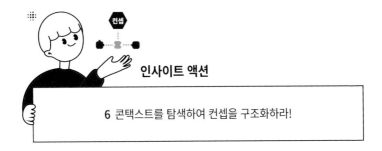

인사이트 액션

6 콘텍스트를 탐색하여 컨셉을 구조화하라!

07

브랜드 스토리텔링

스토리텔링

인사이트 액션 7

.

브랜드 스토리텔링

브랜드 스토리텔링은 타겟 페르소나가 경험할 시나리오를 말한다. 감정이입과 공감을 통해 풍부한 스토리텔링으로 간접경험과 경험에의 욕구를 불러일으켜라. 브랜드의 자기다움과 타겟 페르소나의 인사이트를 연결하라.

스토리텔링

페르소나에 감정이입하여 인사이트와 컨셉과 페르소나를

연결한다. 페르소나의 목표와 콘텍스트를 고려하여 시나리오를 만든다. 페르소나 중에서 적합한 페르소나 그룹을 선택하고 주요 행동 특성을 정리한다. 또한 페르소나가 최종 목적을 달성하기 위해 어떤 활동을 어떤 순서로 진행하는지 전체 시스템을 스케치하고 그 과정에서 브랜드와 서비스 관련해서 어떤 상호작용을 하는지 여러 페르소나 그룹의 시스템을 디자인하여 브랜드 스토리텔링을 완성한다.

타겟 페르소나가 경험할 스토리를 생생하고 디테일하게 만들고 가공하라. 타겟 페르소나의 동선과 마음의 상태와 상황을 디테일하게 분석하여 브랜드의 경험과 연관되는 스토리를 만들고 실제와 비슷하게 구성하고 실시간으로 생생하게 시나리오를 짠다. 타겟 페르소나가 완전히 몰입할 수 있는 새로운 경험의 시나리오와 경험하고 싶은 욕구를 불러 일으키는 인사이트를 삽입하라.

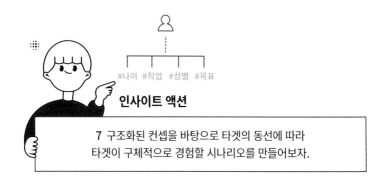

#나이 #직업 #성별 #목표

인사이트 액션

7 구조화된 컨셉을 바탕으로 타겟의 동선에 따라
타겟이 구체적으로 경험할 시나리오를 만들어보자.

스토리텔링 사례(Storytelling Example)

웹소설 구매 스토리텔링

김핑크

회사에서의 오랜 작업으로 손목이 좋지 않아 무거운 것을 드는 게 벅차다는 이유로 독서를 즐기지 않는 핑크 씨가 어느 날 친구에게 책을 추천받고 소설에 흥미가 생겼다. 하지만 두께도 두껍고 시리즈가 많아 망설이고 있다.

핑크 씨는 책을 구매하면 소유욕은 충족되지만 여러 권의 책을 둘만큼 수납공간이 넉넉하지 않고, 책 자체가 무겁다 보니 손목에도 무리가 가기에 누워서 보려면 엎드린 자세로만 볼 수 있어 불편한 자세로 인해 장시간 여가시간을 즐기지 못할 거라고 판단했다. 하지만 소설의 내용이 어떤 식으로 풀어나갈지 궁금하기에 간편하게 볼 수 있는 방법을 찾기 위해 인터넷에 검색해 보았다.

그러다 인터넷에 검색하던 중 e-book이라고 쓰인 웹 소설을 눌러 보았다. e-book으로 결제하면 배송기간 없이 곧바로 웹으로 볼 수 있어 회원정보만 있으면 보고 싶을 때마다 어디서든 간편하게 볼 수 있다는 장점에 웹 소설을 이용하기로 결심했다.

처음 접해 보는 이용 서비스라 어렵지 않을까 생각했지만 메뉴 아이콘마다 사용방법을 순서대로 띄우며 처음 접하는 사람들에게 학습을 통해 이해하기 쉽게 하였다. 핑크 씨가 고민했던 공간 차지와 손목의 무리 문제를 한 번에 해결했고, 장시간 사용으로 눈의 무리를 줄이도록 하는 화면 밝기 조절 기능과 글꼴, 크기, 줄 간격 등등 내가 원하는 대로 조절해서 볼 수 있어 장시간 편리하게 사용 가능해 앞으로 핑크 씨가 책을 망설임 없이 즐기게 해주는 서비스가 되었다.

터치포인트 & 감정여행

터치포인트
감정여행

인사이트 액션 8

터치포인트 & 감정여행

타겟이 브랜드와 접촉하는 터치포인트를 경험하는 과정에서 느끼는 감정의 변화를 감정여행이라고 한다. 여기서 터치포인트와 감정여행에 대해 더 알아보자.

터치포인트

터치포인트는 시간, 장소, 장면, 기분 등 타겟이 브랜드와 접촉하는 동선에 따라 경험하는 채널을 말한다.

브랜드 자체가 원래 갖고 있는 접점, 브랜드가 타겟을 향해서 만들어내는 접점, 타겟이 직접 브랜드에 능동적으로 관여하는 접점, 타겟이 별개의 기업을 통해 브랜드를 알게 되는 접점, 타겟이 별개의 개인을 통해 브랜드를 알게 되는 접점, 브랜드가 별개의 기업이나 타겟과 관계를 구축하는 활동으로 나누어진다.

감정여행

타겟 페르소나의 동선에 따라 터치포인트마다 변화하는 감정을 시뮬레이션해본다.

인터뷰와 관찰을 통해 진행되며 상황을 설정하여 서비스와 브랜드를 경험하기 전과 경험하는 동안, 경험 후로 나누어 터치포인트와 상호작용하는 채널을 경험하면서 페르소나의 감정이 어떻게 변화하는지를 관찰하고 인터뷰하여 시뮬레이션한다. 이때 감정의 좋고 나쁨에 따라서 타겟 페르소나의 시나리오를 수정한다.

크게 타겟 페르소나가 경험할 수 있는 감정을 좋음(Good Feeling), 나쁨(Bad Feeling)의 두가지로 나누고 감정을 더 세분화하여 터치포인트마다 더 디테일하게 나누어 본다. 각 터치포인트마다 경험할 수 있는 감정을 예측해보고 인터랙션할 때 생기는 감정을 더 세밀하게 피드백해본다.

타겟 페르소나의 감정여행을 예측해 보았을 때와 실제 경험했을 때의 감정을 비교 관찰하면서 타겟 페르소나의 경험을 좋은 감정으로 끌어올릴 수 있는 다양한 시도를 계획해보고 적용해본다. 또한 좋은 감정과 나쁜 감정의 종류의 브랜드의 경험 별로 나누어 보다 디테일하게 적용하여 타겟 페르소니의 감정을 세밀하게 터치하고 관리할 수 있도록 한다.

감정여행은 말 그대로 타겟 페르소나가 브랜드를 경험하는 동안 느낄 수 있는 감정의 변화이며 여행처럼 끝나고 난 후에는 브랜드 경험에 대한 호감, 비호감으로 이어질 수 있는 가장 중요한 여정이므로 세밀한 계획, 예측 그리고 피드백을 통해 감정여행을 완벽하게 설계하고 적용할 수 있도록 한다.

인사이트 액션

8 터치포인트를 고려한 타겟의 여행을 짜보라.
여행에서 느끼는 만족도에 따른 타겟의 감정도 생각해보라.

09

타겟 경험 관리

경험관리
결정여행관리
감정여행관리

타겟 경험 관리

타겟의 브랜드, 서비스와의 상호작용 과정에서 생기는 타겟의
생각, 감정, 마음의 상태에 대한 관리를 말한다.

경험관리

브랜드가 타겟에 대해 알고 있는 데이터, 서비스의 히스토리나
세일즈 데이터, 웹사이트 클릭, 마켓 리서치, 세일즈의 트랙킹 등을
통해 타겟의 동선에 따른 브랜드 경험을 관리한다.

결정여행관리

타겟의 논리적 구매결정과정은 고려, 평가, 구매, 만족, 추천, 재구매의 과정으로 이루어져 있으며 타겟이 많은 잠재 브랜드 중에서 하나를 결정할 때까지 선택을 줄여나간다고 생각한다.

구매 후 전통적인 미디어에서는 제품의 사용이나 서비스에 초점을 맞추며 선택을 체계적으로 좁혀나가지만 뉴미디어에서는 넓혀진 구매고려 단계를 통해 고려하면서 브랜드들을 줄이기도 하고 넓혀나간다.

전통적인 미디어의 결정여행에서 브랜딩은 고려와 구매 단계를 강조하지만 디지털 미디어에서는 만족과 추천 단계가 더 중요하다. 타겟과 브랜드의 연결이 강하다면 결정여행 과정을 되풀이하지 않고 재구매를 하기 때문이다.

감정여행관리

경험소, 터치포인트, 인터액션, 감정선으로 이루어진다. 타겟의 감정여정과정은 첫째, 모든 타겟 브랜드 인터랙션, 터치포인트를 포함하는 브랜드에 관한 타겟 여행을 지도로 만든다. 둘째, 모든 인터랙션이 이상적인 타겟 여행을 지도로 만들고 첫 번째 지도와 비교한다. 셋째, 브랜드의 경험을 개선해주는 변화를 시도한다 넷째, 변화를 실행하기 위해 선택된 직원, 과정, 정책과 지원 시스템을 개선한다.

타겟 여정을 지도로 만드는 과정에서 생생하게 경험과정을 시각화하고 감정변화를 크게 나누고 또 세밀한 감정도 기록한다. 경험소를 자세히 나누어 기록하고 터치포인트마다 타겟 페르소나가 어떤 인터랙션이 이루어지는지 상세히 기록한다. 감정여행 지도를 만든 후 브랜드 경험 전과 경험하는 동안과 경험 후의 과정 어디에서 가장 큰 불만과 만족이 있는지 연결되는 과정마다 세밀하게 지도에 기록해본다. 이렇게 감정을 세밀하게 기록하다보면 브랜드 경험은 이성적인 경험도 큰 부분을 차지하지만 결과적으로는 경험과정에서 감정적인 경험이 가장 큰 부분이라는 것을 알게 될 것이다. 그리고 이 부분을 잘 관리하고 피드백을 통해 수정하여 좋은 경험을 갖도록 하는 것이 가장 중요하다는 것을 느끼게 될 것이다.

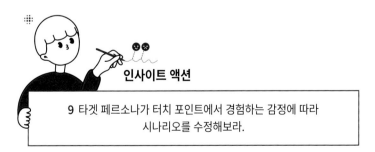

인사이트 액션

9 타겟 페르소나가 터치 포인트에서 경험하는 감정에 따라 시나리오를 수정해보라.

감정여행지도 사례(Emotional Customer Journey Map Example)

웹소설 구매 EJM

Pre

경험소

웹소설 앱
다운로드 및
회원가입

포인트 결제

터칭 포인트

인터랙션

사용하는 기기에
적합한 방식인
어플리케이션을
다운로드한 후 서비스
이용을 위한 준비행동

삭품을 구매하기 위한
재화를 충전

감정변화

보고자 하는 작품 선택	뷰어 가동 및 설정	작품 감상 및 후기 작성

해당 서비스를 선택한 이유인 작품으로 접근	작품을 보기 위한 뷰어를 가동한 뒤 글씨 크기와 줄간격 등을 설정	뷰어를 통한 작품 감상 후 만족도에 따른 후기 작성

Good

Bad

실전
적용

인사이트 브랜딩 방법론(IBP)

인사이트 브랜딩 프로세스는 Who? Why? Insight? Value? Create!의 5가지 요소(WWIVC)로 이루어지며, Core Targeting, Insight Finding, Value Creating으로 코어타겟과의 공감과 사랑을 이끌어낼 브랜드만의 고유의 브랜드다움을 만들어낸다.

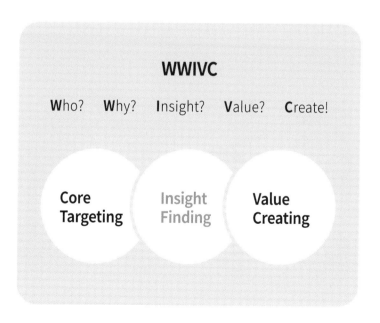

뉴브랜딩 & 리브랜딩 & 브랜드컬쳐

반복되는 WWIVC의 과정을 통해 브랜드만의 고유한 브랜드다움을 만들고
브랜드 컬처로 발전시킨다.

IBP는 인사이트 브랜딩 프로세스(Insight Branding Process)로
브랜드가 가진 특성에 따라 뉴브랜딩 또는 리브랜딩 솔루션을
제안하고, 단계별로 확장해나가 브랜드다움을 제안하고 궁극적으로
브랜드 컬처가 되게 함으로써 보다 지속적이고 차별화된 브랜딩을
제안한다.

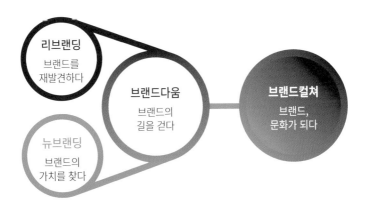

리브랜딩

길을 잃고 헤매던 브랜드의 방향성을 재설정하여 브랜드만의 올바른 길을 찾아주는 리브랜딩 솔루션

뉴브랜딩

시장조사부터 컨셉 도출, 실행까지 브랜드만의 고유한 가치를 찾아주는 스타트업 브랜딩 솔루션

브랜드다움

브랜드의 정체성을 확립시키는 단계. 다양한 채널을 활용함으로써 브랜드의 본질을 지키며 일관성 있게 변화 타겟의 공감과 가치 속에서 브랜드 신뢰도를 향상

브랜드컬쳐

브랜드의 가치를 확산시키는 단계. 브랜드만의 네임 또는 이미지가 타겟의 라이프 스타일에 스며들어 사랑받는 문화로 정착

인사이트 페이퍼

클라이언트의 오리엔테이션과 자료 분석 후
크리에이터에게 건네는 인사이트풀한 가이드라인을
담은 페이퍼이다.

인사이트 페이퍼 예

인사이트 페이퍼는 Who? Why? Insight? Value? Create!의
5가지 요소(WWIVC)로 이루어지며 자세하고 살아있는 타겟
페르소나를 통한 Core Targeting, 타겟과 브랜드가 공유하는
가치를 통한 Insight Finding, 브랜드만의 존재 이유를 통한 고유의
브랜드다움 Value Creating으로 코어타겟과의 공감과 사랑을
이끌어낼 브랜드만의 고유의 브랜드다움을 창조해낸다.

인사이트 페이퍼

Who?   자세하고 살아있는 타겟 페르소나

Why?   브랜드만의 존재 이유

Insight?   타겟과 브랜드가 공유하는 가치

Value?   고유의 브랜드다움

Create!   인사이트를 만들고 피드백하고 다시 만들어감

인사이트 브랜딩 페이퍼

인사이트 페이퍼를 중심으로 브랜딩의 구체적인 컨펌과 계획과
실행을 담은 구체적인 페이퍼이다.

인사이트 브랜딩 페이퍼 예

인사이트 브랜딩 페이퍼는 브랜딩 도출배경, 컨셉, 톤 앤 매너,
커뮤니케이션 메시지, 키워드, 모델, 미디어로 이루어지며 인사이트
브랜딩의 전체적인 에센스를 담아 인사이트풀한 커뮤니케이션을
실행하는 중심축이 된다.

인사이트 브랜딩 페이퍼

1 인사이트 브랜딩 도출 배경

2 인사이트 브랜딩 컨셉

3 인사이트 브랜딩 톤 앤 매너

4   인사이트 커뮤니케이션 메시지

---

5   인사이트 브랜딩 키워드, 모델

---

6   인사이트 브랜딩 미디어

인사이트로
성공적인 브랜딩을!

인사이트 브랜딩의 과정에서 개념에 대한 정확한 이해가 중요합니다. 각각의 개념을 파악하게 되면 자연스럽고 쉽게 다음 브랜딩의 과정에 대한 이해와 과정의 관계에 대해 파익할 수 있게 됩니다. 이 책을 통해 브랜딩에 있어 핵심적인 9개의 개념을 파악함으로서 소비자와 기업을 이어주고 효과적인 브랜딩을 할 수 있는 모든 것을 알게 되었을 것입니다.

이러한 개념에 대해 지나치게 많은 이론적 논의보다 정확한 핵심개념을 이해하고 현재 진행 중인 브랜드의 브랜딩에 적용해보면서 브랜딩 실력과 경험을 계속 쌓으면 누구나 전문가로 효과적인 인사이트 브랜딩을 할 수 있습니다. 최근에는 기업의 브랜드뿐 아니라 개인이 누구나 채널을 가지고 개인 브랜딩을 진행하고 있는 시대이기에 이 책을 통하여 효과적인 브랜딩을 할 수 있는 힘을 가지게 되기를 바랍니다.

처음에는 익숙치 않을 수 있지만 차분히 순서대로 현장에 적용해보면서 경험을 쌓고 각 장에 있는 핵심 요약인 인사이트 액션을 직접 적용해봄으로써 익숙하게 되고 차츰 나만의 인사이트 브랜딩 프로세스를 적용하는 경험을 쌓으면서 인사이트와 가치를 전달할 수 있는 성공적인 브랜딩을 할 수 있는 전문가로 거듭나기를 바랍니다. 실전적용을 위해 실은 인사이트 페이퍼와 인사이트 브랜딩페이퍼를 잘 활용하여 성공적인 인사이트 브랜딩이 세상에 많아지기를 바랍니다!

제일기획 출신 브랜딩 디렉터가
알려주는 실전 브랜딩

인사이트 브랜딩

초판 1쇄발행 2022년 4월 14일
2쇄발행 2024년 2월 14일

지은이 박현정

펴낸이 박현정

디자인 김휘주, 권예진

미디어 콘텐츠 박성배, 양창혁, 이승주

펴낸곳 핑크플래닛

출판등록 2022년 3월 2일 제2022-000087호

주소 서울 강남구 압구정로 30길 17, 309

전화 02-545-6304

이메일 insight@pinkplanet.co.kr

홈페이지 www.pinkplanet.co.kr

ISBN 979-11-978195-0-6 [13320]

핑크플래닛은 이해하기 쉽고 더 좋은 세상을 만들 책을 만들고자 합니다.
이에 함께하고자 하는 독자 여러분의 아이디어와 원고를 insight@pinkplanet.co.kr로 보내주세요.